Reiki
OS POEMAS RECOMENDADOS POR MIKAO USUI

4ª Edição

Johnny De' Carli

OS POEMAS RECOMENDADOS POR MIKAO USUI

REIKI - OS POEMAS RECOMENDADOS POR MIKAO USUI
Copyright© Editora Nova Senda

Editor: Editora Nova Senda
Diagramação e capa: Décio Lopes

Dados Internacionais de Catalogação na Publicação (CIP)
(Câmara Brasileira do Livro, SP, Brasil)

Reiki: os poemas recomendados por Mikao Usui/Johnny De' Carli – 4ª edição – São Paulo – Editora Nova Senda, 2024.

Bibliografia.
ISBN 978-85-66819-00-7

1. Reiki (Sistema de cura)   2. Cultura Oriental
I. De' Carli, Johnny   II. Título

13-04298   CDD-895.61

Índices para catálogo sistemático:

1. Reiki: Cultura Oriental, Literatura japonesa   895.61

EDITORA NOVA SENDA
Rua Jaboticabal, 698 – Vila Bertioga – São Paulo/SP
CEP 03188-001 | Tel. 11 2609-5787
contato@novasenda.com.br | www.novasenda.com.br

Índice

Dedicatória 7

Agradecimento 8

Prefácio 10

Prólogo 13

Introdução 14

Capítulo 1 | *O Imperador Meiji e o Reiki* 16

Capítulo 2 | *Reiki e os Poemas Recomendados
                por Mikao Usui* 22

Capítulo 3 | *Considerações Finais* 149

Anexo 1 | *Instituto Brasileiro de Pesquisas
              e Difusão do Reiki* 158

Bibliografia 159

Dedicatória

Aos meus pais Alicia e Carlos, pela dádiva da vida e pela proteção, preocupação, atenção e amor com que nutriram minha infância.

A minha querida esposa Rita de Cássia que, na prática da boa magia mineira, me ensina a importância do silêncio.

A meus irmãos Carlos, Helio e Ricardo, por tudo o que passamos juntos em nossa infância e pela grande amizade que nos une. Como é bom ter irmãos!

A meus filhos Juliana, Diana e Daniel, pela grande experiência da paternidade e pelo amor que me dá forças para avançar.

A meus três primeiros netinhos Daniel, Lorenzo e Maria Lídia, por mais esta grande experiência nesta vida.

À minha nora e genros Geani, Clayton e Lorenzo, por me presentearem com lindos netos e fazerem meus filhos e netos tão felizes.

Também a você, que vive e trabalha para o bem.

Agradecimento

Agradeço primeiramente a Deus e a meus pais pela experiência desta vida.

Agradeço aos meus mentores espirituais, que me assistem em todas as etapas do "Caminho" irradiando a chama da verdade.

Agradeço a minha combatente esposa Rita de Cássia Lima De' Carli, cujo apoio foi fundamental para a realização de mais esta obra.

Agradeço ao *Sensei* Fuminori Aoki e à Sensei Noriko Ogawa, por me presentearem, em 1998, com uma cópia da apostila que era entregue aos alunos de Reiki do *Sensei* Usui, denominada *"Usui Reiki Ryoho Hikkei"*, que me possibilitou escrever esse "pequeno grande" livro.

Agradeço ao Mestre de Reiki João Magalhães, Presidente da Associação Portuguesa de Reiki Monte Kurama, pela força, amizade e Prefácio do livro.

Agradeço ao Editor Décio Lopes, da Editora Nova Senda, por reeditar esse meu trabalho.

Agradeço à Elza Ferreira da Cruz, à Auristela Maria Mendes Romeu, à Claudiane Andre de Sousa, à Cristiane da Silva, à Railda Souza de Araújo, à Adélia Aparecida Silva Teófilo e à Maria Helena Ramalho, pelo suporte operacional.

Agradeço aos meus alunos, que me procuraram para aprender e acabaram sendo meus grandes e maiores mestres. Não encontro palavras para expressar o quanto lhes sou grato, por me mostrarem que sempre tenho muito a aprender.

Sensei Fuminori Aoki e Sensei Noriko Ogawa (Tóquio – Japão)

Prefácio

O Reiki traz, a cada praticante, um maravilhoso mundo de várias dimensões e vivências, o seu toque é tão profundo que nos alcança o íntimo e faz ver a vida com outros olhos.

Em *"Reiki, Os Poemas Recomendados por Mikao Usui"*, o Mestre Johnny De' Carli traz a sua ligação mais íntima com a Energia Universal, através da inspiração e reflexão com o Imperador Meiji e os poemas que o Mestre Mikao Usui declamava em cada aula, como auxiliar à elevação da consciência e crescimento interior dos seus alunos.

Em certos momentos do nosso caminho no Reiki, descobrimos o valor da intuição, da voz interior. A intuição é uma excelente ponte na nossa comunhão com o Reiki e com o próprio estar na vida, ela permite-nos ver claramente, sentir sem barreiras e assim experienciar uma prática mais ampla, empática, expressando sem barreiras todo o amor incondicional.

Dizia o filósofo Arthur Schopenhauer que "*a intuição é mais forte que a razão*"[1], pelo valor da forma transmitida, do imediatismo, da clareza com que é tão facilmente assimilada. E sobre a intuição o escritor Alfred Montapert dizia que "*quem quiser melhorar os condicionalismos externos tem de começar por melhorar os internos. O seu instinto leva-o mais longe que o seu intelecto*"[2].

É essa clareza que encontramos neste livro, ele mesmo construído de alma, na interpretação de cada poema, com intuição, com uma ligação à própria vida. Ao ler este livro, não só nos encontramos diretamente com a mensagem do Imperador Meiji, como também fazemos uma viagem no tempo, encontrando-nos no Dojo do Mestre Mikao Usui.

No "Poema 65 – Dia", o Imperador Meiji diz-nos *"Gostaria muito de ter um espírito rejuvenescido como o Sol Nascente"*. É neste poema que encontro, também,

---

1. Arthur Schopenhauer, '*Aforismos para a Sabedoria de Vida*'.
2. Alfred Montapert, '*A Suprema Filosofia do Homem*'.

o espírito e a mensagem que este livro *"Reiki, os poemas recomendados por Mikao Usui"* nos transmite o saber renovar diariamente os pontos de vista em busca da evolução, do *Satori*, a Iluminação. Assim, *"Só por hoje, sou grato"* por tanta riqueza que este livro traz, saboreando diariamente cada poema, reflexão e intuição aqui colocada.

João Magalhães
Presidente da
Associação Portuguesa de Reiki

Prólogo

O Imperador Meiji escreveu mais de 100 mil poemas. O descobridor do Reiki, o *Sensei* Mikao Usui, selecionou uma pequena parte desses poemas, apenas 125, incluindo-os em sua apostila, denominada *"Usui Reiki Ryoho Hikkei"*, que era entregue aos seus alunos de Reiki. Após conhecer o trabalho de ambos não tive dúvidas que fizeram uso de faculdades paranormais extremamente desenvolvidas. Sem dúvidas, a metafísica está presente no Reiki.

Imperador Meiji

Introdução

A história do Japão é dividida em períodos ou eras. Falaremos aqui somente do período Meiji (1868~1912) que se inicia com a ascensão do Imperador Meiji, que mudou a capital para Tóquio e programou uma ampla restauração no país. Nesse período, o país trava duas ferozes guerras, uma contra a China, em 1895, e outra contra a Rússia, em 1905. Por estes motivos o Imperador Meiji faz tantas referências à guerra em seus poemas, como você verá mais à frente.

O Imperador Meiji (1852-1912), cujo nome era Mutsuhito, assumiu o trono em 1867. Jovem e carismático foi o 122.º Imperador do Japão. Ficou conhecido como um símbolo da modernização do Japão. Marcou o início de uma revolução nacional, levando o país a tornar-se poderoso mundialmente. O Imperador Meiji, foi o primeiro a conceder títulos de posse das terras aos agricultores e instituiu a escola pública para todos os cidadãos japoneses. O Presidente dos Estados Unidos Theodore Roosevelt certa vez disse: *"O povo japonês deve ser feliz por ter tão grande Imperador. O Japão progredirá e se desenvolverá com o Imperador Meiji"*.

Os milhares de poemas escritos pelo Imperador Meiji, são conhecidos como "grande poesia" na literatura japonesa.

No Japão, o Dia da Cultura (*Bunka No Hi*) é um feriado nacional que acontece anualmente no dia 3 de novembro, em homenagem ao dia do nascimento do Imperador Meiji. Esse feriado almeja promover a cultura, as artes e o empenho acadêmico. Geralmente as festividades incluem exibições artísticas, desfiles e cerimônias para presentear artistas e estudiosos famosos.

Imperador Meiji

Capítulo 1

O Imperador Meiji e o Reiki

Certa vez o cientista Isaac Newton disse: *"Eu avistei mais longe que muitos porque fiquei de pé em ombros de gigantes"*. O Imperador Meiji foi um desses "gigantes" e o *Sensei* Mikao Usui foi um grande admirador dele. Os 5 Princípios do Reiki, o alicerce da parte filosófica do Reiki, vieram desse Imperador. O *Sensei* Usui também selecionou 125 de seus poemas para usar nas suas reuniões do Método Reiki.

As pessoas que fazem história não têm tempo de escrevê-la. A exemplo de Jesus e Buda, Mikao Usui não deixou nada escrito de seu próprio punho. Há muito poucos documentos oficiais no Reiki, basicamente há somente dois: a apostila conhecida como *"Usui Reiki Ryoho Hikkei"*, em que há uma importante entrevista concedida pelo próprio *Sensei* Usui e a escritura talhada no Memorial a Mikao Usui, escrita logo após a morte do

Sensei Usui, pelas pessoas mais próximas a ele. Em ambos os documentos o Imperador Meiji é citado.

Logo após a transição de Usui, um Memorial foi construído pela organização de Reiki *"Usui Reiki Ryoho Gakkai"*, em fevereiro de 1927, é por ela mantido até hoje. A sepultura e o Memorial do *Sensei* Usui estão localizados em um cemitério público, junto ao Templo Saihoji, no distrito Sujinami, em Tóquio. O Memorial consiste de uma única grande pedra de cerca de 1,20 m de largura e 2,50 m de altura. Nela, escrita em antigo kanji japonês, encontra-se uma inscrição sobre a vida de Mikao Usui, a experiência da descoberta e o uso do Método Reiki. Perto da pedra foram colocadas as cinzas de Usui, juntamente com as de sua mulher e de seu filho Fuji.

A palavra mais clara é sempre aquela que é verdadeira: no Memorial não há lendas. O texto foi escrito por Juzaburo Ushida, que se tornou Presidente da *"Usui Reiki Ryoho Gakkai"*, após a morte de Mikao Usui e foi editado por Masayuki Okada, doutor em literatura e membro da organização *"Usui Reiki Ryoho Gakkai"*.

O japonês antigo, utilizado até o ano de 1945, é de difícil compreensão, inclusive para os próprios japoneses mais jovens. A tradução para o japonês moderno foi feita pelo *Sensei* Doi Hiroshi, membro ativo da *Gakkai*, em 1º de janeiro de 1998, na cidade de Ashiya. A tradução para o inglês foi feita por Tetsuyuki Ono, em 19 de junho de 1998, na cidade de Takarazuka. Em outubro de 1998, quando estive no Japão pela primeira vez, recebi esta tradução das mãos de meu Mestre de Reiki, o *Sensei* Fuminori Aoki. Pedi à Mestre de Reiki Elizabeth Barros de Sá, minha aluna em Copacabana - RJ, professora de inglês e português, que providenciasse a tradução para o português, concluída em 18 de novembro de 1998. A tradução foi publicada pela primeira vez, no Ocidente, em meu segundo livro ("Reiki, A Terapia do Terceiro Milênio", em janeiro de 1999). Em parte da mensagem da grande pedra que compõe o Memorial aparece a seguinte informação: *"Revendo os fatos, entendo que a terapia Reiki objetiva não somente tratar problemas de saúde, mas também corrigir a mente através de uma habilidade espiritual enviada por Deus, mantendo o corpo saudável e desfrutando uma vida de bem-estar. Ao ensiná-la às pessoas, devemos primeiro* *fazer com que percebam as últimas instruções do **Imperador Meiji** e celebrem os 5 Princípios, pela manhã e à tarde, a fim de mantê-los sempre em mente.*

São eles:

1. Não se zangue por hoje;
2. Não se preocupe;
3. Expresse sua gratidão;
4. Seja aplicado e honesto em seu trabalho;
5. Seja gentil com os outros."

No segundo e último documento, a apostila conhecida como *"Usui Reiki Ryoho Hikkei"*, em parte da entrevista concedida pelo próprio *Sensei* Usui, aparece a seguinte informação:

Entrevistador: *"O que é Usui Reiki Ryoho (Técnica Terapêutica Reiki Usui)?"*

Mikao Usui: *"A técnica objetiva, primeiramente, a saúde da mente e, secundariamente, saúde física para treinar e fortalecer a mente e o físico. SERVE TAMBÉM PARA DIRECIONAR UM CAMINHO CORRETO DE VIDA, observando as palavras deixadas pelo **Imperador Meiji** (os grifos são nossos). Se a mente estiver no caminho correto e saudável,* *o corpo físico será fortalecido naturalmente. Sendo assim, será missão da Usui Reiki Ryoho completar física e psicologicamente uma vida com paz e prazer, ajudando no tratamento de problemas de saúde de outros e promovendo, assim, a felicidade de si próprio e de terceiros".*

Refletindo sobre a citação acima *"Serve também para direcionar um caminho correto de vida"*, não ficam dúvidas de que o Reiki, além de ser uma técnica terapêutica extremamente eficaz, é também uma filosofia de vida, uma maneira de viver, pautada nos ensinamentos do Imperador Meiji, lamentavelmente, tão pouco citado nos livros de Reiki ocidentais.

Sensei Mikao Usui

Capítulo 2

Reiki e os Poemas Recomendados por Mikao Usui

O Imperador Meiji não falava muito, mas escreveu dezenas de milhares de poemas para se expressar. Esses poemas são conhecidos na literatura japonesa como *Gyosei*, escritos na forma poética *waka*. Um *waka* é um poema de cinco versos, cujo primeiro verso consta de cinco sílabas, o segundo, de sete, o terceiro, de cinco e o quarto e o quinto, de sete cada um (5-7-5-7-7). Cada poema tem um título. No original, estão escritos em japonês antigo, extinto em 1945. Vale registrar a dificuldade em traduzir textos escritos em kanji arcaico. Na tradução, naturalmente, não foi possível respeitar a quantidade tradicionalmente prescrita de 31 sílabas, convertendo-se a *waka* às vezes num poema traduzido maior ou menor em versos.

Sendo um grande admirador do Imperador Meiji, o *Sensei* Usui fez questão de selecionar, além dos Cinco

Princípios, alicerce filosófico do Reiki, 125 de seus poemas para usar nas reuniões do Método Reiki.

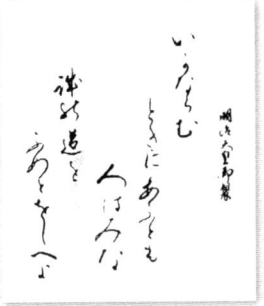

Waka original

Os poemas eram recitados, ou cantados, de uma forma muito específica. O cântico, a cadência e o ritmo ajudam a desenvolver uma consciência atenta e a purificar a mente.

No Japão, a "*Usui Reiki Ryoho Gakkai*", organização fundada pelo próprio *Sensei* Usui, durante o *Shuyokai* (seminário), dirigido por um Mestre de Reiki, os praticantes do Método mantêm a tradição de cantar poesia *waka*, como alimento espiritual.

Quando estive no Japão pela primeira vez, em outubro de 1998, recebi das mãos dos Mestres de Reiki Fuminori Aoki, Noriko Ogawa e Doi Hiroshi uma cópia do manual original contendo os poemas que estão traduzidos e brevemente analisados por mim a seguir:

1. Lua

"Tantas mudanças e tantas pessoas passaram neste mundo. Mas a Lua da noite de Outono continua a mesma de muito tempo atrás."

Imperador Meiji

Interpretação do Autor

A mensagem implícita no poema fala que a humanidade passa por períodos de transformação, mas a essência, que é Divina, não muda, sempre será a mesma. Poderia ser interpretado da seguinte forma: *"Tantas mudanças ocorrem numa pessoa iniciada no Reiki, tantos reikianos passaram neste mundo, mas a energia Reiki continua a mesma de muito tempo atrás"*.

2. Paraíso (Céu)

"Eu queria que meu coração pudesse ser tão claro e amplo como o grande céu e o verde campo da Primavera."

Imperador Meiji

Interpretação do Autor

A mensagem implícita no poema faz alusão ao "caminho do meio". Todo o excesso é negativo, qualquer exagero é extremamente prejudicial ao ser humano, sem exceção. Em tudo, até no Reiki, o fanatismo é prejudicial.

Henrik Ibsen disse: *"Moderação é a primeira virtude de um cidadão"*.

3. Pensamento Ocasional

"Antes de reclamar do clima quente e úmido, penso nos lavradores que têm de trabalhar nos campos de arroz em tão duras condições."

Imperador Meiji

Interpretação do Autor

A mensagem implícita no poema é que devemos deixar de reclamar para que as coisas mudem positivamente na vida. Para isso, basta observar que existem sempre pessoas em situação pior do que aquela em que nos encontramos.

4. Vento Sobre as Folhas de Outono

"Muitos dias e noites se passaram para aperfeiçoar a cor das folhas do bordo, mas uma leve rajada de vento basta para levá-las."

Imperador Meiji

Interpretação do Autor

A mensagem implícita no poema é que para construirmos algo sólido na vida é necessário bastante tempo de dedicação. Então é preciso ter cautela, pois se não formos cuidadosos, poderemos, num ato impensado, destruir num instante algo que construímos com dificuldade.

5. Pensamento Ocasional

"Observe e aprenda com os pingos de chuva que escavam a rocha. Descarte a ideia de que realizar uma tarefa é difícil demais. Nada é impossível!"

Imperador Meiji

Interpretação do Autor

A mensagem implícita no poema é que podemos aprender muito observando a Natureza, ela nos ensina a arte de perseverar e esperar: o que parece tão difícil, e até impossível, pode ser realizado com insistência e paciência. A mensagem louva a persistência como virtude que vence a dificuldade, ou seja, as coisas podem ser difíceis, mas se insistirmos, acabaremos por vencer.

6. Pensamento Ocasional

"Se eu olhar para meus próprios erros, não me ressinto com Deus e nem culpo os outros por meus próprios sofrimentos."

Imperador Meiji

Interpretação do Autor

A mensagem implícita no poema fala que é importante parar de culpar fatores alheios como as causas do nosso sofrimento. Nós criamos a realidade que atraímos para nossa vida a todo instante. Atraímos o tipo de pessoas, situações e aprendizados compatíveis com aquilo que projetamos.

7. Pensamento Ocasional

*"Todos nós cometemos erros
em nossas vidas algumas vezes.
Portanto, não se preocupe demais e nem
seja excessivamente prudente com tudo."*

Imperador Meiji

Interpretação do Autor

A mensagem implícita no poema é que não devemos nos preocupar demasiadamente em não cometer erros e correr riscos, todos erram. Sabe-se que só erra quem produz e só produz quem não tem medo de errar.

8. Amigo

*"O verdadeiro espírito da amizade
está em revelar o erro ao outro e demonstrar,
sem problemas, o quão próximo estás deste."*

Imperador Meiji

Interpretação do Autor

A mensagem implícita no poema é que um verdadeiro amigo não nos aplaude o tempo inteiro, também nos mostra quando erramos, aponta-nos defeitos para que possamos sempre estar crescendo.

9. Pinheiro Sobre a Rocha

"Não importa quão duro e tempestuoso este mundo se torne, quero que o meu coração continue sólido e inabalável, como o pinheiro enraizado na rocha."

Imperador Meiji

Interpretação do Autor

A mensagem implícita no poema é o desejo permanente do Imperador Meiji de reagir com firmeza e estabilidade, perante qualquer dificuldade que venha a enfrentar nesse mundo.

Millôr Fernandes disse: "*Se os seus princípios são rígidos e inabaláveis, você, pessoalmente, já não precisa ser tanto*".

10. Onda

"Por um momento, parece tempestuosa; a seguir, se acalma. A onda no oceano e a existência humana têm muito em comum."

Imperador Meiji

Interpretação do Autor

A mensagem implícita no poema é: como as ondas do mar, tudo na vida tem um ciclo, começo, meio e fim. A cada ciclo que se fecha, inicia-se outro. Todas as coisas, circunstâncias adversas ou agradáveis são transitórias, nada é definitivo.

11. Pensamento Ocasional

*"Mesmo que tenhas conseguido
uma vida abundante e livre de problemas,
nunca te esqueças das obrigações
da verdadeira generosidade."*

Imperador Meiji

Interpretação do Autor

A mensagem implícita no poema é a necessidade de exercer a 'verdadeira generosidade' mesmo para quem já alcançou a riqueza e a estabilidade. Não existe nobreza sem generosidade. Rico sem generosidade é como uma árvore sem frutos.

12. Irmãos

*"Mesmo que os ventos sacudam a casa,
as dificuldades poderão ser superadas,
se os irmãos estiverem em harmonia."*

Imperador Meiji

Interpretação do Autor

A mensagem implícita no poema é a importância da paz, da harmonia, do companheirismo, da estabilidade, da cumplicidade e do respeito entre pessoas envolvidas, a fim de superar as dificuldades.

13. Coração (Espírito)

"Não importa o que aconteça em minha vida, gostaria que meu coração e a minha alma continuassem abertos e livres."

Imperador Meiji

Interpretação do Autor

A mensagem implícita no poema fala da maneira positiva e equilibrada que deveríamos reagir tanto aos acontecimentos bons, como aos ruins. Os reikianos devem buscar possuir um coração que nunca "endurece".

14. Medicamentos

"Em lugar de tomar muitos medicamentos para curar teus males, cuida melhor e com constância do teu corpo e de ti mesmo."

Imperador Meiji

Interpretação do Autor

A mensagem implícita no poema é: prevenir para não precisar remediar.

Albert Einstein certa vez disse: *"Uma pessoa inteligente resolve o problema, um sábio o previne"*.

15. Pensamento Ocasional

"Quando ouço o crescente zumbido dos mosquitos, sinto profundamente por meus soldados. Como dormem eles à noite no campo de batalha?"

Imperador Meiji

Interpretação do Autor

A mensagem implícita no poema é que devemos ser solidários, principalmente, com aqueles que dependem de nós. Reconhece-se a qualidade de um bom líder na forma como trata os seus liderados.

16. Educação

*"Jovem japonês: escolhe pessoas de mérito
para ter como exemplo e aprende
com elas tuas lições de vida."*

Imperador Meiji

Interpretação do Autor

A mensagem implícita no poema é que os jovens devem se "espelhar" em pessoas meritórias, de valor, com qualidades apreciáveis, para aprender e direcionar suas vidas.

Isaac Newton disse: *"Eu avistei mais longe que muitos porque fiquei de pé em ombros de gigantes"*.

17. Flores Sobre a Água

"O maravilhoso das flores que crescem junto ao lago é que, mesmo quando caem, nadam sobre a água, e pode-se admirar a beleza delas."

Imperador Meiji

Interpretação do Autor

A mensagem implícita no poema é que se uma pessoa valorosa falhar, ela não perde o seu valor.

Sêneca disse: *"Se um grande homem cair, mesmo depois da queda, ele continua grande"*.

18. Lua e Vaga-Lume

"A Lua brilha tão lindamente sobre o lago que um humilde vaga-lume compromete sua existência voando em direção à imagem refletida dos arbustos de junco."

Imperador Meiji

Interpretação do Autor

A mensagem implícita no poema é que as aparências enganam, uma ilusão pode comprometer seriamente a nossa vida. Muitas vezes, motivados por emoções passageiras (paixões, ilusões, promessas, entusiasmo, etc.) tomamos decisões que podem ter consequências desastrosas e até comprometer a nossa existência.

19. Joia

"Uma bela joia, sem um arranhão sequer, pode perder seu brilho por causa da poeira. O coração e a alma humana, também, precisam ser constantemente polidos para se manterem limpos."

Interpretação do Autor

A mensagem implícita no poema é que assim como uma joia precisa ser permanentemente limpa para não perder o seu brilho, a mente e o espírito humanos precisam ser permanentemente "polidos" a fim de nos mantermos puros e saudáveis. "Polimos" a mente e o espírito através da meditação e da oração, respectivamente.

20. Pensamento Ocasional

"Jovem estudante: não te apresses para chegares antes. Não negligencies teus deveres. O verdadeiro aprendizado requer um estudo longo e constante."

Imperador Meiji

Interpretação do Autor

A mensagem implícita no poema é que o aprendizado obedece a um ritmo que deve ser respeitado, não adianta querer se apressar, tentar antecipar os fatos, tudo acontece no seu devido tempo. Devemos buscar conhecimento constantemente, somos eternos aprendizes. Todo dia há algo novo para se aprender, por mais insignificante que seja o aprendizado.

21. Obediência

"Apesar de vivermos num mundo agitado, não te esqueças de ocupar-te dos teus pais."

Imperador Meiji

Interpretação do Autor

A mensagem implícita no poema é que por mais que o mundo se apresente acelerado, com tantas atribulações mundanas, devemos administrar bem o nosso tempo, priorizando sempre as coisas mais importantes, entre elas a atenção aos pais, que nos deram a vida.

22. Relva

"Apesar de a relva não parecer muito promissora, poderás, se olhares bem, nela encontrar ervas medicinais."

Imperador Meiji

Interpretação do Autor

A mensagem implícita no poema destaca que, nos campos nativos, podem-se encontrar plantas com alto poder terapêutico.

O Dr. Edward Bach, médico inglês, criador da Terapia Floral, disse: *"Da mesma forma que Deus, em sua misericórdia, nos deu alimento, também colocou entre as ervas do campo belas flores curativas para quando estivermos doentes"*.

23. Diplomados

*"Bacharel: tu podes pensar que,
por fim, o deixaste para trás.
Não, o aprendizado não tem fim."*

Imperador Meiji

Interpretação do Autor

A mensagem implícita no poema é que o aprendizado nunca termina, devemos estudar a vida toda, buscar conhecimento sempre e constantemente, somos eternos aprendizes. Ninguém sabe tudo, sempre haverá novos conhecimentos esperando por nós. O aprendizado ocorre ao longo de uma existência inteira.

24. Pequenos Cravos

"Ao semear pensei que todas eram a mesma semente. Mas agora floresce uma variedade de flores. Os cravos do jardim!"

Imperador Meiji

Interpretação do Autor

A mensagem implícita no poema é que todos os filhos são diferentes, todos têm as suas características particulares, sua personalidade e individualidade. Não há um ser igual ao outro em todo o Universo.

25. Salto D' Água

"Uma pedra na corrente aumenta de tal forma o ruído do rio, que não se escuta o som da água que flui."

Imperador Meiji

Interpretação do Autor

A mensagem implícita no poema é que um problema ou uma pessoa problemática pode chamar tanta atenção que pode nos desviar das metas, nos fazendo esquecer o principal. Nossa energia vai para onde está a nossa atenção. Se destinarmos excessiva atenção aos problemas, principalmente de família, perdemos a paz e a alegria de viver.

26. Água

*"A água é tão flexível,
cabe em qualquer recipiente,
mas tem força para perfurar a pedra."*

Imperador Meiji

Interpretação do Autor

A mensagem implícita no poema é que as pessoas mais fortes são as mais perseverantes e maleáveis, abertas a mudanças, novas informações, novas interpretações das circunstâncias e das ocorrências do cotidiano, reciclando crenças e ideias, prontas a ceder diante das renovações, reformulando planos, admitindo novas opiniões, aderindo a convicções baseadas em provas incontestáveis.

27. Relva

"Se o pequeno roedor trabalha embaixo da terra, todas as raízes das plantas semeadas morrem."

Imperador Meiji

Interpretação do Autor

A mensagem implícita no poema é o alerta que uma pessoa com um perfil desagregador (aparenta uma coisa e na verdade é outra) pode comprometer todo um trabalho sério, uma organização, uma empresa, até mesmo a harmonia de um lar.

Diz o dito popular: *"Uma maçã estragada pode comprometer toda uma caixa"*.

28. Ancião

"O ancião que veio cumprimentar-me, amparado por seu neto, agora está apoiado em seus próprios pés."

Imperador Meiji

Interpretação do Autor

A mensagem implícita no poema é que é preciso ser humilde, saber receber. O ato de pedir possibilita o recebimento. Muitas vezes é preciso permitir que alguém nos ajude, nos apoie, nos dê forças para continuar. Quem pede é humilde e se reconhece necessitado. Ser humilde é dar importância ao que importa e não se importar com o resto.

29. Árvores Cobertas de Lodo

*"Quando vejo as árvores cobertas
de lodo, lembro que há pessoas que,
desde o nascimento, vivem com humildade."*

Imperador Meiji

Interpretação do Autor

A mensagem implícita no poema é que, mesmo "cobertos" de aflições e dificuldades, precisamos ser humildes ao longo de toda a vida, oferecendo sempre o que há de melhor em nós.

Disse Jesus: *"Bem aventurados os humildes de espírito, porque deles é o reino dos Céus"*. (Mateus 5, 3)

30. Visitante na Neve

*"Ancião, vens me saudar
sem esperar que pare de nevar?
Por favor, aproxima-te mais do fogo."*

Imperador Meiji

Interpretação do Autor

A mensagem implícita no poema diz que é nobre saber reconhecer o esforço individual, a amizade, a qualidade alheia e, principalmente, retribuir o carinho e a solidariedade. Devemos ter gratidão no coração. A gratidão é a mais bela flor que brota da alma.

Esopo disse: *"A gratidão é a virtude das almas nobres"*.

31. Caligrafia

*"Com letras belamente escritas ou não,
uma carta deveria ser sempre fácil de ler."*

Imperador Meiji

Interpretação do Autor

A mensagem implícita no poema é que, para haver comunicação, o conteúdo é mais importante que a forma e deve ser objetivo, claro e simples. A simplicidade traz o entendimento.

Albert Einstein disse: *"Tudo deveria se tornar o mais simples possível"*.

32. Pais

*"Apesar de envelhecermos,
nossos pais sempre nos consideram crianças.
Esse é o espírito da paternidade."*

Imperador Meiji

Interpretação do Autor

A mensagem implícita no poema é a dificuldade dos pais de entenderem que os filhos não são crianças a vida toda. Para os pais, não importa quanto tempo passe, seus filhos serão fonte de eterna preocupação e de dedicação como se fossem menores. Essa é a essência do amor dos pais, que não envelhece.

33. Pensamento Ocasional

*"Os soldados que vão para a guerra
deixam as suas famílias seguras em casa.
Quão corajosos e dedicados são
para com sua pátria!"*

Imperador Meiji

Interpretação do Autor

A mensagem implícita no poema é o patriotismo, pois ao defender o país também se defende a família, que fica em casa em segurança, a fim de ser resguardada, na esperança de ter um futuro melhor.

Mikhail Lermontov disse: "*A nossa pátria está onde somos amados*".

34. Pássaros

"Os pássaros que voam livremente pelo grande céu, nunca se esquecem de sua casa e de lá regressar."

Imperador Meiji

Interpretação do Autor

A mensagem implícita no poema é que, depois de adultos, para qualquer lugar que formos, por melhor que seja, por mais que demoremos lá, jamais devemos nos esquecer de visitar periodicamente as nossas origens. Nossas raízes são muito importantes.

Diz o dito popular: *"O bom filho a casa torna"*.

35. Aprendizado

*"Quanto mais práticas houver
no ensino para as crianças,
melhores resultados se alcançarão."*

Imperador Meiji

Interpretação do Autor

A mensagem implícita no poema é que, para as crianças, os progressos obtidos por meio do ensino teórico são lentos; já os obtidos por meio de bons exemplos e práticas são mais imediatos e eficazes. É observando e fazendo que as crianças aprendem a fazer aquilo que devem aprender.

36. Orvalho Sobre os Cravos do Jardim

"As jovens alunas, no pátio da escola, têm o frescor dos cravos do jardim molhados pelo orvalho."

Imperador Meiji

Interpretação do Autor

A mensagem implícita no poema fala da impermanência no mundo terreno, local das transformações, das passagens, da matéria, onde tudo muda: as situações e as pessoas.

Camilo Castelo Branco disse: *"A infância é como a água que desce da bica, e nunca mais sobe"*.

37. Sinceridade

*"A sinceridade do coração humano
faz até o Céu chorar."*

Imperador Meiji

Interpretação do Autor

A mensagem implícita no poema é que a sinceridade se não for temperada com moderação conduz infalivelmente à ruína.

Marquês Maricá disse: *"Se fôssemos sinceros em dizer o que sentimos e pensamos uns dos outros, em declarar os motivos e fins das nossas ações, seríamos reciprocamente odiosos e não poderíamos viver em sociedade"*.

38. Pensamento Ocasional

*"É bom apreciar as flores,
depois de cumprir as exigências
do trabalho."*

Imperador Meiji

Interpretação do Autor

A mensagem implícita no poema estabelece a prioridade do trabalho e a recomendação de se fazer pausas, aproveitando as coisas boas da vida. Quando fazemos nosso trabalho com amor, dedicação, zelo e honestidade, depois de cumpridas as tarefas prioritárias, temos muito mais prazer no momento do descanso, desfrutando melhor os momentos de descontração.

39. Lembrança

"O ser humano não olha para dentro de si mesmo. Prefere falar dos demais. Assim é a verdade em sociedade."

Imperador Meiji

Interpretação do Autor

A mensagem implícita no poema fala que quase todos nós somos muito maliciosos em apontar defeitos alheios, mas raramente nos apercebemos dos nossos. Dizemos do outro o que deveríamos estar dizendo de nós mesmos.

Jesus disse: *"Hipócritas, tirai primeiro a trave do vosso olho e depois, então, vede como podereis tirar o argueiro do olho do vosso irmão".*
(Mateus 7, 3-5)

40. Cume

*"Tão alta parece a montanha,
que arranha o grande Céu.
Se não te deres por vencido e começares a
subir, por certo encontrarás um caminho."*

Imperador Meiji

Interpretação do Autor

A mensagem implícita no poema é que não devemos desistir de procurar um "caminho" (meio, filosofia, método ou mesmo uma religião) que nos faça melhorar a cada dia e evoluir rumo à "Perfeição".

41. Pensamento Ocasional

*"Deverias falar com os outros
depois que tivesses feito uma reflexão."*

Imperador Meiji

Interpretação do Autor

A mensagem implícita no poema é que devemos parar e refletir antes de falar. Se nos deixarmos levar pelas emoções momentâneas, poderemos causar muitos danos. A palavra não deve ser um instrumento para desfazer relações, mas uma ferramenta de entendimento e união.

42. Pensamento Ocasional

"Ainda quando tudo o que pensas se tenha manifestado, não permitas que te suba à cabeça e não esqueças a humildade."

Imperador Meiji

Interpretação do Autor

A mensagem implícita no poema é que o poder, lamentavelmente, muda as pessoas. Mesmo realizados profissionalmente e financeiramente, deveríamos nos manter humildes ao longo de toda a vida, oferecendo sempre o melhor que há em nós.

43. Pensamento Ocasional

"Há tanto o que fazer e tanto para pensar, mas o que realmente se pode fazer é limitado."

Imperador Meiji

Interpretação do Autor

A mensagem implícita no poema é que não se pode realizar tudo o que se precisa ou se gostaria de fazer, mesmo para quem detém o poder. O reikiano deve estabelecer prioridades, em seguida fazer todo o bem sempre que puder.

44. Pinheiro na Neve

"Quando a neve sobre o ramo débil de um pinheiro ficar muito pesada, aproxima-te e a retira."

Imperador Meiji

Interpretação do Autor

A mensagem implícita no poema é a solidariedade humana, o amor ao próximo, nunca sendo indiferente nas circunstâncias alheias difíceis. O poema fala da necessidade de socorrermos o próximo, quando uma adversidade da vida o atingir e percebermos que esteja precisando de ajuda, a fim de suavizar a situação.

45. Pensamento Ocasional

"Mortos na guerra: deixai-me guardar seus nomes na memória, para que a pátria possa perdurar."

Imperador Meiji

Interpretação do Autor

A mensagem implícita no poema se refere à nobreza de saber reconhecer os mártires, expressando homenagem, imortalizando seus nomes nos memoriais oficiais históricos, como prova de gratidão e respeito patriótico.

46. Ventilador

"No calor do meio-dia vens visitar-me!
Deixa-me, ao menos, pegar o ventilador."

Imperador Meiji

Interpretação do Autor

A mensagem implícita no poema é que há nobreza em saber reconhecer o esforço individual alheio e retribuir o carinho expressando gratidão. Todos aqueles que vêm até nós, seja em que situação for, devem ser tratados com gentileza, gratidão, carinho e calor humano.

Jean de La Bruyère disse: *"Não há no mundo exagero mais belo que a gratidão".*

47. Espírito

"És belo assim, na tua simplicidade, quando te ocupas da caridade."

Imperador Meiji

Interpretação do Autor

A mensagem implícita no poema é que a verdadeira lei do progresso do espírito é a caridade exercida com humildade. Não existe exercício melhor para o espírito do que se inclinar e levantar pessoas.

40. Lembra-te!

"Esforça-te, mesmo quando tudo parecer difícil. É possível alcançares qualquer objetivo no mundo."

Imperador Meiji

Interpretação do Autor

A mensagem implícita no poema é: aquilo que parece tão difícil e até impossível, pode ser realizado com dedicação e insistência. Nada é impossível, as dificuldades se resolvem conforme se avança.

49. Pilar

*"Aquele que representa
o pilar da família não deveria
ter que se ocupar de miudezas."*

Imperador Meiji

Interpretação do Autor

A mensagem implícita no poema nos diz que o sustentáculo de um grupo precisa delegar tarefas menos relevantes, evitando assumir para si toda a responsabilidade, seja em uma empresa, em uma casa ou em qualquer outra atividade, concentrando a sua energia e seu tempo sempre na solução de assuntos mais importantes. Ninguém consegue fazer tudo sozinho.

50. Lembrança da Relva

"Cautela!
Se dizes algo sem muito refletir,
isso logo se dissemina pela sociedade."

Imperador Meiji

Interpretação do Autor

A mensagem implícita no poema é que devemos parar, pensar e analisar bem antes de falar. Então, só depois de uma séria reflexão sobre o que podem causar nossas palavras, levá-las aos outros. Da mesma forma que a relva, as maledicências se disseminam muito rápido.

Luís Fernando Veríssimo disse: *"A força mais destrutiva do Universo é a fofoca".*

51. Lembrança de uma Canoa

*"É simples deslizar corrente abaixo
em uma canoa, assim também é no mundo,
mas não se esqueça de pensar no leme."*

Imperador Meiji

Interpretação do Autor

A mensagem implícita no poema é que nós somos os condutores de nosso destino, não podemos nos deixar levar por outros. Devemos planejar o futuro, ter metas e decidir pessoalmente em que direção seguir.

52. Lembrança de uma Pedra Preciosa

"Todos os cidadãos dizem: 'essa pedra preciosa é lindíssima!'. Mas, realmente, poucas há que não tenham defeito."

Imperador Meiji

Interpretação do Autor

A mensagem implícita no poema é que todos no mundo têm defeitos, se uma pessoa fosse perfeita, seria Deus. A imperfeição é a causa necessária da variedade nos indivíduos da mesma espécie. Algo perfeito seria sempre idêntico.

O Mestre Jesus disse: *"O que está puro entre vós atire a primeira pedra"*. (João 8, 7)

53. Sentimento Durante uma Viagem

"Cada vez que saio em viagem, temo estar causando incômodos a minha gente."

Imperador Meiji

Interpretação do Autor

A mensagem implícita no poema é que ser hóspede não é fácil, mas é uma condição necessária para quem viaja. O hóspede sempre fica numa situação de dependência em relação ao anfitrião. A casa é a casa do outro, é emprestada, não lhe pertence. Por isso, não existe hóspede, por mais amigo que seja de quem o recebe, que não comece a incomodar depois de poucos dias.

54. A Humanidade

> "*Pela pátria combates o inimigo,
> porém não te esqueças do mais
> importante: o teu lar.*"
>
> Imperador Meiji

Interpretação do Autor

A mensagem implícita no poema fala que mais importante que o dever de servir à pátria, está o dever de servir à humanidade, respeitar ao próximo, ter a capacidade de entender e aceitar a opinião dos outros.

55. Medicamento

*"Pelo bem da pátria,
daria o elixir da imortalidade ao ancião
que gostaria de ver envelhecer."*

Imperador Meiji

Interpretação do Autor

A mensagem implícita no poema é que as pessoas mais velhas acumulam mais experiências e seria de grande valia para a sociedade se vivessem mais.

Diz o dito popular: *"Ouça os mais velhos"*.

56. Anciãos

*"Pode ser que repitam uma vez ou outra
suas lembranças, mas escondidos,
em suas palavras, há valiosos ensinamentos."*

Imperador Meiji

Interpretação do Autor

A mensagem implícita no poema é que a sabedoria vem com a velhice. Devemos escutar mais os anciãos, com paciência e atenção, eles têm muito a ensinar. A melhor sala de aula do mundo está aos pés de uma pessoa mais velha.

57. Fim da Tarde

*"Quando o Sol começa a se pôr,
lamento o dia que passei
sem fazer nada."*

Imperador Meiji

Interpretação do Autor

A mensagem implícita no poema é que passar mesmo que seja um dia em inatividade é lamentável. Perder tempo é desperdiçar a vida; o tempo perdido não se recupera. Sempre há algo útil e bom a se fazer: trabalhar, ler, pesquisar, divertir-se, organizar-se, desenvolver trabalhos filantrópicos, etc. Perdido é somente o tempo que não se gasta com amor.

58. Coração dos Pais

"O sonho primaveril dos camponeses, que, no campo queimado, ocupam-se de seus descendentes, não será de natureza tranquila."

Imperador Meiji

Interpretação do Autor

A mensagem implícita no poema é, mais uma vez, que devemos ser solidários, principalmente com aqueles que dependem de nós. A solidariedade é, sem sombra de dúvida, uma grande forma de alguém expressar seu amor.

59. Medicamento

*"O conselho do honesto
é como o bom medicamento,
até para as pessoas saudáveis."*

Imperador Meiji

Interpretação do Autor

A mensagem implícita no poema é que um bom conselho motivador pode possuir propriedades terapêuticas para distúrbios éticos e mesmo doenças, trazendo benefícios inclusive para pessoas íntegras e sãs.

60. Pensamento Ocasional

"Mesmo uma pessoa ocupada pode arranjar tempo para fazer aquilo que realmente queira."

Imperador Meiji

Interpretação do Autor

A mensagem implícita no poema é que mesmo as pessoas que têm muitas atividades ou muito trabalho podem encontrar tempo para fazer as coisas que realmente desejam, seja se dedicando à manutenção ou melhoria da saúde, à família, ao estudo, ao esporte, à boa leitura, aos amigos, a trabalhos filantrópicos ou ao lazer.

61. Relva de Verão

"A relva de verão representa o mundo agitado. Corta-se uma vez e outra e, ainda assim, volta sempre a crescer."

Imperador Meiji

Interpretação do Autor

A mensagem implícita no poema é que vivemos num mundo inquieto, movimentado, cíclico, de *karma* coletivo. Portanto, sempre teremos problemas que, mesmo solucionados ou minimizados, ciclicamente retornarão ou surgirão outros.

62. Razão

> *"Os perigos nos espreitam mais quando estamos cercados de inimigos, não quando relaxamos a razão."*
>
> Imperador Meiji

Interpretação do Autor

A mensagem implícita no poema é que dentre os perigos que corremos, há mais risco quando temos ao nosso lado falsos amigos, pessoas invejosas, que queiram e possam nos causar dano.

Disse Voltaire: *"Que Deus me proteja dos meus amigos. Dos inimigos, cuido eu"*.

63. Caminho Estreito

*"Os caminhos são realmente estreitos
entre os arrozais, mas os aldeões,
com atenção, utilizam bem esses espaços."*

Imperador Meiji

Interpretação do Autor

A mensagem implícita no poema é que o "caminho" para a evolução espiritual é "apertado" e difícil. Quem quer seguir pelo "caminho" que leva à "Pátria Celeste" deve estar cônscio que muitas oportunidades precisarão ser desprezadas para se manter no "caminho" correto. Não existem muitos "caminhos" rumo à evolução, há um só, que é o da caridade exercida com humildade.

64. Casa de Arrozal

"*Os jovens estão na guerra.
Enquanto isso, um ancião ocupa-se,
sozinho, dos arrozais nas montanhas.*"

Imperador Meiji

Interpretação do Autor

A mensagem implícita no poema é que os filhos, embora vivam conosco no início, não nos pertencem e acabam partindo. Chegada essa fase, é comum os pais, agora mais maduros e com mais tempo, se inclinarem a uma vida de elevação espiritual.

65. Dia

"Gostaria muito de ter um espírito rejuvenescido como o Sol nascente."

Imperador Meiji

Interpretação do Autor

A mensagem implícita no poema é que nós deveríamos renascer todos os dias para a vida, abandonar os erros do passado, rever ideias e modificar opiniões. Deus, a cada nascer do Sol, nos dá uma nova oportunidade de despertar, evoluir, mudar e refazer conceitos. Deveríamos procurar ser uma pessoa em busca do aperfeiçoamento diário.

66. Estação das Chuvas

"Durante a estação das chuvas, a superfície das esteiras de junco estão úmidas e molhadas. Então, me preocupo com as casas dos camponeses."

Imperador Meiji

Interpretação do Autor

A mensagem implícita no poema, mais uma vez, é a solidariedade humana, o amor ao próximo, nunca sendo indiferente às situações alheias difíceis.

Marco Aurélio disse: *"Um homem separado de um só homem é excluído de toda a comunidade"*.

67. Pensamento Numa Noite Fria

*"Desperto de um sonho,
com o barulho da tempestade.
E me preocupo com as casas
dos camponeses."*

Imperador Meiji

Interpretação do Autor

A mensagem implícita no poema é, uma vez mais, a solidariedade humana, o amor ao próximo. A solidariedade não pode ser vista apenas como partilha de bens materiais, mas também dedicação de tempo e atenção, e é, sem sombra de dúvidas, uma grande forma de alguém expressar o seu amor.

68. Pedra Preciosa

*"Poderá pensar que
a pedra transparente não brilha.
É que se esqueceu de lustrá-la."*

Imperador Meiji

Interpretação do Autor

A mensagem implícita no poema é que a mente e o espírito humano precisam ser permanentemente "lustrados" a fim de se manterem puros e saudáveis. "Lustramos" a mente e o espírito através da meditação e da oração, respectivamente.

69. Relógio

"Um vai mais rápido, outro mais lentamente. Todos os relógios têm diferentes tamanhos e diferentes ponteiros."

Imperador Meiji

Interpretação do Autor

A mensagem implícita no poema é que ninguém escapa da morte, seja por doença, por velhice ou acidentes, pois a morte não escolhe idades. Entretanto, pode-se influenciar o tempo de vida em função de atitudes e fatores físicos, como alimentação, repouso, atividade física, prudência, prevenção, etc.

Giuseppe Belli disse: *"A morte está escondida nos relógios"*.

70. Caminho da Vida

"Melhor seria não tomar o caminho mais perigoso, mesmo que penses que assim chegarias mais rápido ao destino."

Imperador Meiji

Interpretação do Autor

A mensagem implícita no poema é que as nossas escolhas determinam os nossos destinos, nossa vida e o nosso futuro. Não são raras as vezes que temos que escolher entre um caminho longo e seguro e outro mais rápido e perigoso. Quem se expõe ao perigo, uma hora perde. Geralmente o caminho com menos obstáculos é o caminho do "perdedor".

71. Pensamento Ocasional

*"Deves refletir
sobre o momento certo de seguir ou
poderás tomar um caminho perigoso."*

Imperador Meiji

Interpretação do Autor

A mensagem implícita no poema é que devemos estar sempre atentos ao que fazemos, pensando o tempo necessário, a fim de agir com bom senso e no momento certo. Nem sempre é hora de agir. Saber esperar o tempo certo é sinal de maturidade.

72. Coração de Criança

*"Que pena!
Um dia, esquecemos,
totalmente, nossa própria inocência."*

Imperador Meiji

Interpretação do Autor

A mensagem implícita no poema é que, lamentavelmente, as pessoas, com o tempo, perdem a inocência da criança e desenvolvem a malícia. As crianças ensinam três coisas muito importantes para os adultos: a sinceridade, a simplicidade e a autenticidade. As crianças não guardam mágoas e rancores como os adultos e perdoam com muita facilidade.

73. Criança

"Espero que o jovem bambu do jardim cresça em forma reta, porém se inclinando, habilmente, para todas as direções possíveis."

Imperador Meiji

Interpretação do Autor

A mensagem implícita no poema é um sonho do Imperador: que todas as crianças se transformem em adultos de conduta reta, honrados, éticos, educados, justos e puros de espírito, porém sem rigidez, com humildade e flexibilidade que conduz à capacidade de adaptações e mudanças.

74. Flor Lembra Nuvem

*"Cerejeiras em flor
são como nuvens entre
pinheiros anões da montanha."*

Imperador Meiji

Interpretação do Autor

A mensagem implícita no poema é a necessidade de reagir com firmeza, perante qualquer dificuldade que se venha a enfrentar nesse mundo, com o entendimento de que tudo é transitório.

75. Casas no Verão

"As casas da cidade enfileiradas, uma ao lado da outra. Através das pequenas janelas, o vento não passa. Deve fazer tanto calor!"

Imperador Meiji

Interpretação do Autor

A mensagem implícita no poema, mais uma vez, é a solidariedade humana, a fraternidade e o amor ao próximo.

O Mestre Dalai Lama disse: *"Quando a sua ajuda aos semelhantes é fruto de motivação e preocupação sinceras, isso lhe traz sorte, amigos, alegrias e sucesso. Se você desrespeita os direitos dos outros e descuida-se do bem-estar alheio, acabará imensamente solitário"*.

76. Abnegação Frente aos Pais

*"Ocupar-se dos pais, com amor,
é o começo da retidão humana."*

Imperador Meiji

Interpretação do Autor

A mensagem implícita no poema é que tenhamos sempre gratidão aos nossos pais, seres aos quais seremos eternos devedores, eles fazem parte de nós. Aqueles que nos deram tanto de si, precisam de nós exatamente quando amadurecemos e eles envelhecem.

77. Coração dos Pais

*"Quando tu envelheceres,
é que entenderás o coração dos
teus pais e deles te lembrarás."*

Imperador Meiji

Interpretação do Autor

A mensagem implícita no poema é que a sabedoria vem com o tempo. Para compreender os pais é preciso amadurecer. A dimensão que representa ser pai e mãe é algo tão grandioso que, muitas vezes, os filhos só os entendem no dia em que se tornam pais. Só estando no lugar do outro para compreendê-lo melhor.

78. Conselho

*"Os ensinamentos dos pais são feitos
de inúmeras pequenas coisas.
São, contudo, a base que levas contigo,
quando seguires teu próprio caminho."*

Imperador Meiji

Interpretação do Autor

A mensagem implícita no poema é que no dia-a-dia é que se constrói a formação da criança e do jovem. Os pais devem prestar atenção na vida cotidiana, nos pequenos exemplos, nas palavras e na forma como tratam as pessoas e a vida, pois tudo isso vai ajudar a moldar a personalidade de seus filhos.

79. Palavras para as Flores

"As flores das cerejeiras da montanha florescem e exalam seu aroma durante anos. Nunca se queixam, apesar de caírem logo depois de se abrirem."

Imperador Meiji

Interpretação do Autor

A mensagem implícita no poema é que muitos erram reclamando da idade avançada ao invés de agradecer por terem nascido e estarem vivos. É importante sermos resignados, estarmos dispostos a suportar o que nos sucede.

80. Poeira

"É bom tirar o pó, quando ele se acumula, mesmo que embaixo dele não encontres nada importante."

Imperador Meiji

Interpretação do Autor

A mensagem implícita no poema é que a mente e o espírito humanos precisam ser periodicamente "limpos" a fim de nos mantermos puros e saudáveis. Conforme já dito, "limpamos" a mente e o espírito através da meditação e da oração, respectivamente.

81. Aprendizado

"Lamento minha atitude na infância, quando acreditava que, no aprendizado, não valia a pena o esforço."

Imperador Meiji

Interpretação do Autor

A mensagem implícita no poema é que aprender é a coisa mais inteligente que se pode fazer na infância. A educação é um patrimônio que ninguém pode nos tirar, além de influir sobre toda a vida. A falta de estudo é um obstáculo por toda vida.

82. Lembrança

*"Penso na vida do meu povo,
em como ele vive quando chove
ou brilha o Sol."*

Imperador Meiji

Interpretação do Autor

A mensagem implícita no poema trata da responsabilidade assumida por um dirigente, mesmo um chefe de família, junto às pessoas que dele dependem. Haja o que houver, um líder deve estar permanentemente atento às necessidades de seus liderados, cumprindo com as suas obrigações.

83. Caminho

"Por mais longe que esteja o objetivo, se trilhas o caminho pelo qual o ser humano deveria andar, não correrás maiores riscos."

Imperador Meiji

Interpretação do Autor

A mensagem implícita no poema é que não são raras as vezes que temos que escolher entre um caminho longo e seguro e outro mais rápido e perigoso. Em geral optamos pelo caminho mais fácil. Ocorre que, por mais difícil que pareça ser, só trilhando o caminho do bem, da honestidade e integridade é que chegaremos ao objetivo de forma segura e plena.

84. Pensamento Ocasional

*"Trabalha constantemente
independente do que fizeres.
O tempo voa como uma flecha!"*

Imperador Meiji

Interpretação do Autor

A mensagem implícita no poema é que perder tempo é desperdiçar a vida e trabalhar é a melhor forma de ocupar o tempo. Devemos ocupar nosso tempo crescendo, desenvolvendo nossas atividades e nossos talentos. O tempo perdido não se recupera.

85. Canoa no Juncal

> *"Seja paciente com o leme.*
> *A canoa no juncal*
> *não pode se movimentar livremente."*
>
> Imperador Meiji

Interpretação do Autor

A mensagem implícita no poema é que haverá partes do caminho livres e haverá momentos que teremos que desviar dos obstáculos. Não devemos perder tempo e energia por causa de um incidente natural, e sim contornar o bloqueio e seguir normalmente o nosso curso.

86. Caminho

> *"Ao aprender, é possível que interrompas para logo recomeçar.*
> *O caminho do aprendizado não é fácil!"*
>
> Imperador Meiji

Interpretação do Autor

A mensagem implícita no poema é que o aprendizado nunca termina, devemos estudar a vida toda, buscar conhecimento sempre e constantemente, somos eternos estudantes e aprendizes, mas aprender de fato não é fácil, não basta só "ouvir por fora", é necessário "entender por dentro".

87. Pensamento Ocasional

"Viver muito tempo, neste mundo, não vale a pena, se chegar, ao final da vida, sem alguma habilidade ou ocupação."

Imperador Meiji

Interpretação do Autor

A mensagem implícita no poema fala que é preferível viver menos a chegar numa idade avançada em total ociosidade. É preciso viver, não apenas existir. Poucas pessoas sabem envelhecer. Saber envelhecer é a grande sabedoria da vida. Quando se é idoso, é preciso ser mais ativo do que na juventude.

88. Pessoas

*"As coisas poderão não correr
como programadas. Mas, depois,
quando olhares para trás, verás que afinal,
tudo andou bem na tua vida."*

Imperador Meiji

Interpretação do Autor

A mensagem implícita no poema é que as expectativas criadas nas pessoas, na maior parte das vezes, não correspondem à realidade. O excesso de expectativa é o caminho mais curto para a frustração. Mas, passado algum tempo, percebemos que todos que passaram por nós, de alguma maneira, contribuíram para o nosso crescimento.

89. Razão

*"No dia em que o vento e
as ondas estão tranquilos,
o piloto deve ser especialmente cuidadoso."*

Imperador Meiji

Interpretação do Autor

A mensagem implícita no poema é que a vida está em constante movimento, a mudança é a lei da vida, tudo na vida move-se em ciclos. Por isso, é preciso ser cauteloso e precavido em qualquer situação, mesmo nos momentos tranquilos, todos os dias, em todos os lugares onde estivermos.

90. Caminho

> *"Quando és mais lento que os demais que vão contigo, é que deves escolher o caminho correto."*
>
> *Imperador Meiji*

Interpretação do Autor

A mensagem implícita no poema é que para onde se vai é mais importante do que quão rápido se está indo. A velocidade só faz sentido se estamos na direção certa. Precisamos saber para onde estamos indo e se queremos seguir aquele caminho. Se não se sabe para onde vai, todos os caminhos levam para lugar nenhum.

91. Pensamento Ocasional

"Muitas são as gotas de orvalho sobre os cravos do jardim. Se não tirá-las, as flores poderão dobrar-se em direções imprevisíveis."

Imperador Meiji

Interpretação do Autor

A mensagem implícita no poema é que nas horas mais difíceis, de maior sofrimento, é importante ajudar aos familiares que, de alguma forma, necessitam de nós, principalmente os jovens que se encontram em formação, em busca de seu próprio caminho.

92. Pedra Preciosa

"Uma pedra preciosa, entre tantas, escolhida, tem sempre uma impureza ou outra. Isto está na natureza do mundo."

Imperador Meiji

Interpretação do Autor

A mensagem implícita no poema é que não existe ninguém perfeito. Todos no mundo têm defeitos; isto está na natureza do mundo. Se uma pessoa fosse perfeita, seria Deus.

Agostinho Silva disse: *"Não há homens perfeitos; há, quando muito, homens que querem ser perfeitos".*

93. Coração dos Pais

"É da natureza dos pais, quando olham para seus filhos, os verem como pequenos, embora já crescidos e independentes."

Imperador Meiji

Interpretação do Autor

A mensagem implícita no poema é a dificuldade dos pais entenderem que os filhos não são crianças a vida toda. Para os pais não importa quanto tempo passe, seus filhos serão fonte de eterna preocupação e dedicação como se fossem menores. Essa é a essência do amor dos pais, que não envelhece.

94. Pais

"Mesmo seguindo o teu próprio caminho, não esqueças o que teus pais te deram."

Imperador Meiji

Interpretação do Autor

A mensagem implícita no poema é que tenhamos sempre gratidão aos nossos pais, seres aos quais seremos eternos devedores, eles fazem parte de nós. Devemos saber conciliar e sempre separar um tempo para destinar a eles.

95. Mina

"Se ali houvesse uma montanha resplandecente de ouro, como poderias ver a luz sem te abrires para ela."

Imperador Meiji

Interpretação do Autor

A mensagem implícita no poema fala que devemos nos abrir às mudanças, reciclando pensamentos e crenças, angariando assim energias que fortalecem e alimentam o próprio espírito.

Albert Einstein disse: *"Triste época! É mais fácil desintegrar um átomo do que um preconceito"*.

96. Pensamento Ocasional

"Mesmo que caminhes por uma rua larga e grande, tem cuidado. O mundo está cheio de obstáculos."

Imperador Meiji

Interpretação do Autor

A mensagem implícita no poema refere-se à necessidade de ser cauteloso e precavido em qualquer situação, mesmo nos momentos tranquilos. Todos os dias, em todos os lugares onde estivermos, sempre haverá situações desagradáveis para vivenciar, obstáculos e dificuldades que encontraremos em nossa caminhada, que teremos de contornar para atingir o nosso objetivo.

97. Lembrança

*"Mesmo ocupado
com as coisas importantes deste imenso mundo,
não deves desprezar os detalhes."*

Imperador Meiji

Interpretação do Autor

A mensagem implícita no poema é que se não damos importância aos detalhes, também não teremos êxito nas grandes coisas, pois as coisas grandiosas são compostas pelas pequeninas.

Pedro Lomba disse: *"A cultura está nos detalhes"*.

98. Razão

"O mundo é grande e amplo, mas a razão humana pode facilmente confundir-se em seus estreitos espaços."

Imperador Meiji

Interpretação do Autor

A mensagem implícita no poema é que não é difícil tomar uma pessoa ou uma coisa por outra, nos relacionamentos onde haja interesse mútuo, amigos ou parentes próximos. Procuremos ter lucidez e discernimento na forma de avaliar as pessoas e os fatos na nossa vida. Quando cultivamos a razão, diminuímos os males.

Dante Alighieri disse: *"A razão vos é dada para discernir o bem do mal"*.

99. Anciãos

*"Não te queixes, só porque envelheceste.
É possível conviver dignamente com a velhice!"*

Imperador Meiji

Interpretação do Autor

A mensagem implícita no poema é que a pessoa idosa deve procurar ocupar o seu tempo, direcionando e concentrando sua energia para afazeres que tenham um verdadeiro valor, dedicando o tempo não só a um trabalho, por mais singelo que seja, como também à família, ao estudo, ao esporte, à boa leitura, às atividades filantrópicas, às atividades religiosas, aos amigos e ao lazer.

100. Chefe de Família

"A família prospera, quando o chefe de família está firme, com os pés enraizados como a viga principal da casa."

Imperador Meiji

Interpretação do Autor

A mensagem implícita no poema é: quando o líder de pessoas com os mesmos ideais é estável, equilibrado e arraigado, o grupo todo progride e melhora de condição.

Ralph Emerson disse: *"Os homens de caráter firme são as colunas mestras da sociedade a que pertencem"*.

101. Lembrança

"Conduzo o país de tal maneira que seja visto como bom. Faço o meu melhor, usando minhas capacidades ao máximo."

Imperador Meiji

Interpretação do Autor

A mensagem implícita no poema fala que somente um líder empenhado em trilhar o caminho do profissionalismo, da competência e da integridade gozará de um bom conceito por parte da sociedade em que vive.

102. Mestres

"Mesmo quando chegues a ser especialista em uma área qualquer, não esqueças o que te foi ensinado pelos teus Mestres."

Imperador Meiji

Interpretação do Autor

A mensagem implícita no poema é: quando estivermos realizados profissional e intelectualmente, devemos nos manter humildes ao longo de toda a vida, tendo sempre gratidão aos nossos Mestres, afinal, eles contribuíram para a nossa bagagem profissional. Não devemos esquecer as nossas raízes intelectuais, elas são muito importantes.

103. Jornal

"Tantas pessoas leem o jornal. Por isso, se deveria escrever só sobre o que é significativo e não, sobre o supérfluo."

Imperador Meiji

Interpretação do Autor

A mensagem implícita no poema é que os meios de comunicação em massa não deveriam se ocupar de coisas fúteis, pelo fato de consumir o precioso tempo das pessoas. O tempo perdido não se recupera e certamente fará falta.

104. Água

"Que pena! Mesmo quando a fonte é clara e pura, a água se suja ao encontrar um riacho poluído."

Imperador Meiji

Interpretação do Autor

A mensagem implícita no poema é que a criança, com o tempo, lamentavelmente, perde a pureza e a inocência da infância e desenvolve a malícia.

O Mestre Jesus disse: *"Quem não receber o Reino de Deus como uma criança, nunca entrará nele"*. (Lucas 18, 15-17)

105. Vaca

"A vaca não tropeça porque não se apressa, inclusive quando a carroça leva mais peso do que ela pode suportar."

Imperador Meiji

Interpretação do Autor

A mensagem implícita no poema é que não adianta correr, não adianta tentar antecipar os fatos, tudo acontece no seu devido tempo. Devagar se vai ao longe. Não é raro encontrar pessoas que na pressa, num ato impensado, se prejudicaram.

Henry Thoreau disse: *"Nada é tão útil ao homem como a resolução de não ter pressa"*.

106. Joia

"Quando não te envergonhares diante de Deus, a quem não pode ver, mas que te conhece por inteiro, é porque tua alma está pura e reta. Quisera que todos tivessem uma alma assim!"

Interpretação do Autor

A mensagem implícita no poema é o desejo do Imperador de que todos se transformem em cidadãos de caráter ilibado, no pensar, no sentir, no falar e no agir, cuja honra não possa ser nem questionada.

107. Pensamento Ocasional

"Não te queixes, quando as coisas não andam como foram planejadas. Examine sua própria preguiça."

Imperador Meiji

Interpretação do Autor

A mensagem implícita no poema é que o caminho dos preguiçosos é cheio de dificuldades.

O Mestre Confúcio disse: "*A preguiça caminha tão devagar, que a pobreza não tem dificuldade em alcançá-la*".

108. Amigos

*"A força mais valiosa deste mundo
é a estreita amizade, na qual nos apoiamos."*

Imperador Meiji

Interpretação do Autor

A mensagem implícita no poema é que as pessoas quando unidas se fortalecem. A união de um grupo de pessoas, leais entre si, que tenha objetivos em comum, pode tornar suas vidas mais fáceis e prósperas.

Diz o dito popular: *"As brasas juntas aquecem mais"*.

109. Velho Pinheiro

*"Pinheiro centenário no jardim:
quero auxiliar-te a viver longamente,
dando-te toda a minha ajuda."*

Imperador Meiji

Interpretação do Autor

A mensagem implícita no poema é que devemos fazer tudo que esteja ao nosso alcance para aumentar a qualidade de vida das pessoas com mais idade de nossa família, principalmente por gratidão. É nosso papel ajudá-las a viver e a enfrentar a velhice, manter-se presente, demonstrar carinho, amá-las incondicionalmente e respeitá-las até o fim de seus dias, independente de erros e acertos.

110. Camponeses

"Os aldeões que cuidam de seus arrozais nas montanhas não têm paz entre a semeadura e o tempo da colheita."

Imperador Meiji

Interpretação do Autor

A mensagem implícita no poema é que não podemos relaxar, perder a motivação e o entusiasmo até a conclusão de um importante projeto iniciado. Se for para não acabar determinadas coisas é melhor nem começá-las.

111. Pinheiro

"Aquele pinheiro, que com paciência cresceu entre a neve e a tempestade, me parece o mais valioso."

Imperador Meiji

Interpretação do Autor

A mensagem implícita no poema é que nada nos engrandece mais do que o sofrimento. São as dificuldades que revelam as pessoas. O sofrimento é um grande "remédio" para acordar o espírito.

Alfred de Musset disse: *"O homem é um aprendiz, a dor a sua mestra"*.

112. País

"Continuai com o que é bom e afastai-vos do mal. Façamos este país tão bom quanto os demais."

Imperador Meiji

Interpretação do Autor

A mensagem implícita no poema é que ao preservarmos os bons hábitos e eliminarmos os maus, contribuímos para a construção de um todo melhor. Não somos uma entidade isolada que vive num mundo separado, somos uma parte de todas as partes. Tudo que fazemos e o modo como trabalhamos têm um peso e afetam diretamente a coletividade.

113. Pensamento Ocasional

"Ainda que venhas a ser conhecido neste mundo, permanece sendo uma pessoa humilde."

Imperador Meiji

Interpretação do Autor

A mensagem implícita no poema é que mesmo alcançando a fama, realizadas profissional e financeiramente, as pessoas deveriam manter-se humildes ao longo de toda a vida, oferecendo sempre o seu melhor.

114. Caracol

> *"Para ver o que acontece fora,*
> *o caracol sai de sua concha."*
>
> *Imperador Meiji*

Interpretação do Autor

A mensagem implícita no poema é que mesmo uma pessoa insegura, introvertida, retraída e medrosa, obrigatoriamente, por necessidade, vez ou outra, também precisará sair da segurança de seu abrigo, da proteção de seu "porto seguro".

115. Caminho

"Mais e mais deveria polir a mim mesmo e aproveitar, como espelho, o coração do outro que brilha claramente."

Imperador Meiji

Interpretação do Autor

A mensagem implícita no poema é que devemos permanentemente procurar evoluir e melhorar, escolhendo e adotando como modelos pessoas meritórias, de valor, com qualidades apreciáveis, pautadas na dignidade, na decência, na verdade e na sinceridade, para aprender e direcionar nossas vidas.

116. Tesouro

*"Por meio do trabalho duro e
do desenvolvimento de uma capacidade,
tornar-te-ás independente deste mundo.
Esta habilidade será teu tesouro."*

Imperador Meiji

Interpretação do Autor

A mensagem implícita no poema é que a nossa profissão é um precioso patrimônio. Não importa qual seja o nosso ofício, por mais singelo que seja, o trabalho afasta de nós a dependência, a corrupção e a necessidade.

117. Estudantes

"Ainda quando o mundo não seja silencioso, mas ruidoso, um aluno de coração tranquilo não se deveria afastar do caminho do aprendizado."

Imperador Meiji

Interpretação do Autor

A mensagem implícita no poema é a importância da persistência nos estudos. Sempre haverá situações desagradáveis para vivenciar, obstáculos e dificuldades que o estudante terá de contornar para evitar a evasão escolar. Nada substitui a persistência para se obter êxito no caminho do aprendizado.

118. Pensamento Ocasional

"No momento certo, avança!
Caso contrário, chegarás depois dos demais."

Imperador Meiji

Interpretação do Autor

A mensagem implícita no poema é que devemos estar sempre atentos ao que fazemos, esperando o tempo necessário para agir com bom senso e no momento certo, a fim de progredir e não ficarmos em desvantagem.

119. Atitude Espiritual

*"Se um dia, neste mundo,
fores escolhido para seres um líder,
mantém a atitude espiritual correta."*

Imperador Meiji

Interpretação do Autor

A mensagem implícita no poema é que o poder, lamentavelmente, muda as pessoas. Caso venhamos a atingir uma situação de liderança e comando, deveremos nos manter humildes, oferecendo sempre o melhor que há em nós.

Abraham Lincoln disse: *"Se quiser conhecer verdadeiramente uma pessoa dê-lhe poder".*

120. Direção Correta

"É difícil conduzir as pessoas neste mundo, a não ser que teu trabalho se direcione para o bem-estar geral."

Imperador Meiji

Interpretação do Autor

A mensagem implícita no poema é que de nada adiantam discursos se não formos bons modelos. Um bom exemplo vale mais que mil palavras. Somente uma pessoa de conduta altruísta em seus atos consegue direcionar os outros a viverem com decoro.

121. Maneira Correta de Pensar

"Para mim, além dos mares e em todas as direções, todos os seres humanos são irmãos. Qual é, então, o sentido da guerra em nosso mundo?"

Imperador Meiji

Interpretação do Autor

A mensagem implícita no poema é que a guerra é a destruição do espírito humano. A vida é um fluxo do qual todos fazemos parte. Todos somos filhos do mesmo Deus. Só existe uma única raça, a humanidade. Habitamos o mesmo planeta, respiramos o mesmo ar.

Albert Einstein disse: *"A paz é a única forma de nos sentirmos realmente humanos"*.

122. Pensamento Ocasional

"O cravo do jardim, mesmo sendo levado pela enchente até a margem do rio, continua florescendo."

Imperador Meiji

Interpretação do Autor

A mensagem implícita no poema é que a distância impede que vejamos as pessoas, mas não impede que as amemos. A vida continua após as separações, a saudade pode martirizar o coração, mas não mata nem as pessoas nem o amor que sentem.

123. Jogo Infantil

"Sempre que estiveres num jogo de que gostes, não te descuides das coisas importantes da vida."

Imperador Meiji

Interpretação do Autor

A mensagem implícita no poema estabelece que o estudo é prioridade na vida das crianças, porém recomenda-se fazer pausas para diversão.

Wclledja Araujo disse: *"Você jamais terá tempo para aquilo que não dá prioridade"*.

124. Pensamento Ocasional

"Olhe sempre para dentro de ti mesmo. Caso contrário, não raro, quando deres por ti, estarás perdido cometendo erros."

Imperador Meiji

Interpretação do Autor

A mensagem implícita no poema é que se uma pessoa não reconhece os próprios erros, acaba persistindo neles.

Alexandre Herculano disse: *"Eu não me envergonho de corrigir os meus erros e mudar as minhas opiniões, porque não me envergonho de raciocinar e aprender"*.

125. Espelho

"Devo polir o meu eu, mais e mais, para usar o claro e brilhante coração do outro como espelho."

Imperador Meiji

Interpretação do Autor

A mensagem implícita no poema, uma vez mais, é que devemos permanentemente procurar melhorar nossos pensamentos, emoções e ações, escolhendo e adotando como modelos pessoas meritórias, de valor, com qualidades apreciáveis, pautadas na dignidade e na decência, para aprender e direcionar nossas vidas.

Capítulo 3
Considerações Finais

Conforme já dito, sem uma grande "ajuda externa", seria impossível, ao Imperador Meiji, a façanha de escrever dezenas de milhares de poemas, todos com 31 sílabas em kanji arcaico. O Imperador era dotado de uma grande atividade mediúnica, conforme disse o Mestre de Reiki Doi Hiroshi, membro da *"Usui Reiki Ryoho Gakkai"*, organização criada por Mikao Usui: **"*O Imperador Meiji era um grande sensitivo*** (o grifo é nosso). *Sua bondade era irradiada por todo o país, como o Sol. Era tolerante e abundante como o oceano, sua vontade era forte, sua crença era cheia de amor e tão ampla quanto a terra"*. Cada um desses poemas é um mistério, cuja resposta deve ser desvendada pelo leitor, uma vez entendida, a mensagem nos transforma abrindo uma nova janela para a evolução. O poeta Meiji conectava-se com um tipo de "consciência muito elevada", ainda desconhecida pela grande maioria, dessa forma, escrevia de forma altruísta, visando sempre transformar o ser humano, a fim de melhorar o planeta.

O *Sensei* Mikao Usui trouxe esses poemas para o Reiki, pois via o Reiki não só como uma técnica terapêutica, mas também como um caminho de evolução espiritual ou expansão da consciência. O que digo aqui não é uma suposição, essa informação pode ser comprovada na apostila conhecida como "*Usui Reiki Ryoho Hikkei*", que contém uma entrevista concedida pelo próprio *Sensei* Usui, onde aparece a seguinte informação:

Entrevistador: "*O que é Usui Reiki Ryoho* (Técnica Terapêutica Reiki Usui)*?*"

Mikao Usui: "*A técnica objetiva, primeiramente, a saúde da mente e, secundariamente, saúde física para treinar e fortalecer a mente e o físico. SERVE TAMBÉM PARA DIRECIONAR UM CAMINHO CORRETO DE VIDA, observando as palavras deixadas pelo Imperador Meiji* (o grifo é nosso)...".

Numa outra pergunta:

Entrevistador: "*A Usui Reiki Ryoho* (Técnica Terapêutica Reiki Usui) *trata somente problemas de saúde?*"

Mikao Usui: *"Não somente problemas de saúde. Pode também corrigir maus hábitos, tais como angústias, debilidades, timidez, indecisões e nervosismo. Com a energia Reiki, o coração se torna semelhante a Deus ou Buda (o grifo é nosso), trazendo felicidade para si mesmo e para terceiros".*

Nessa mesma entrevista, o *Sensei* Mikao Usui deixa claro que descobriu o Reiki fazendo uso unicamente de propriedades metafísicas, conforme fica claro em sua resposta abaixo:

Entrevistador: *"Como a Usui Reiki Ryoho* (Técnica Terapêutica Reiki Usui) *funciona?"*

Mikao Usui: *"Esta técnica não me foi transmitida por ninguém, nem a pesquisei para obter a capacidade de trabalhar com o Espírito Universal (Rei). Durante a prática do jejum, tive contato com a Atmosfera Universal e recebi uma sensação espiritual, descobrindo, assim, uma capacidade espiritual terapêutica. Deste modo, eu mesmo sinto dificuldade para explicar claramente o fenômeno. Atualmente, cientistas e estudiosos estão pesquisando sobre o assunto, embora, no momento,* *não haja uma definição científica. Virá, sem dúvida, o dia em que o assunto será esclarecido cientificamente".*

O *Sensei* Usui era um grande admirador do Imperador Meiji e selecionou uma pequena parte desses poemas, apenas 125, incluindo-os em sua apostila, que era entregue aos seus alunos de Reiki. A minha dúvida e de muita gente pesquisadora era: "Por que o número de 125 poemas?". Consultando meus 15 Mestres de Reiki, não consegui obter essa enigmática resposta. Quando estive no Japão, em minha terceira viagem de pesquisas, consegui desvendar esse mistério. Essa viagem foi especial, preliminarmente tivemos que modificar a sua data por questões burocráticas da validade dos vistos consulares, o que nos obrigou a chegar ao Japão um pouco antes do previsto, no dia 03/11/2011. Para nossa surpresa, no Japão, é o Dia da Cultura *(Bunka No Hi)* um feriado nacional que acontece em homenagem ao dia do nascimento do Imperador Meiji. Como estou sempre atento aos sinais da espiritualidade, percebi que muita coisa boa iria acontecer naqueles dias.

Antes de concluirmos gostaria de relembrar que o *Sensei* Mikao Usui era profundamente ligado às ciências divinatórias, essa informação também não é uma suposição, está narrada na grande pedra de seu Memorial. Em parte da mensagem aparece a seguinte informação: "... *Detinha uma vasta gama de conhecimentos, desde História, Ciência Médica, Cristianismo e Budismo, Psicologia, até o mágico reino das fadas, CIÊNCIAS DIVINATÓRIAS (o grifo é nosso) e fisiognomonia ...*".

Como eu estava relatando, percebi que essa minha terceira viagem ao Japão seria especial e, num dia de folga, estive com minha esposa em visita ao *Meiji Jingu* (Museu do Imperador Meiji), residência onde viveu o Imperador. Ao entrar no museu, cada um de nosso grupo retirou, aleatoriamente, de uma pequena urna, um poema escrito pelo Imperador, o meu não constava dos poucos selecionados pelo *Sensei* Usui, mas para mim teve grande significado, já que nada acontece por acaso. Segue o poema:

"Alguns são rápidos, alguns lentos, mas uma coisa nunca falha para se alcançar o objetivo final: a sinceridade."

Imperador Meiji

Nesse dia, consegui, utilizando faculdades metafísicas, desvendar o porquê do *Sensei* Mikao Usui ter selecionado apenas 125 poemas de um universo tão amplo (100 mil), cuja explicação segue abaixo.

3.1. Conclusão

O *Sensei* Usui, pouco antes de sua morte ocorrida em 1926, fazendo uso de sua elevada sensibilidade espiritual e dos oráculos das ciências divinatórias, percebeu que o nosso planeta sofreria intensas mudanças, com grande aumento de frequência vibracional, o que causaria "eventos de destino", isto é, definitivos nas pessoas. É exatamente essa época que estamos vivendo. Não vai acontecer, está acontecendo, estamos em uma onda de mudanças como nunca antes.

A escolha dos 125 poemas é um Calendário de Alerta, que nos faz lembrar o Calendário Maia. O *Sensei* Usui selecionou um poema para cada Imperador do Japão, a fim de alertar que essa transformação ocorreria ao longo do atual governo do 125.º Imperador do Japão. O Imperador Meiji foi o 122.º Imperador Japonês.

Seu filho, o Imperador Taishō (Yoshihito) foi o 123.º Imperador, tendo reinado a partir de 1912, quando sucedeu seu pai, o Imperador Meiji. O neto de Meiji, o Imperador Shōwa (Hirohito) foi o 124º Imperador do Japão, de acordo com a ordem tradicional de sucessão, reinando de 25 de dezembro de 1926 até sua morte, em 1989. Atualmente, o trono é ocupado pelo bisneto de Meiji, o Imperador Akihito, nascido em 23 de dezembro de 1933, é o 125.º e o atual Imperador do Japão. O Imperador Akihito, no ano de 2013, completará 80 anos de idade.

A civilização Maia da América Central foi a mais avançada em relação ao conhecimento da ciência do tempo. O seu calendário principal é o mais preciso do planeta. Ele nunca cometeu um erro. De acordo com os Maias e os Astecas, o Sexto Ciclo do Sol começou em 21/12/2012. Esse Ciclo é também conhecido como a "Mudança das Eras". A mudança que estamos vivenciando não é algo de se acreditar ou não, é um fato científico. Por milhares de anos, a ressonância de Schumann (um conjunto de picos do espectro do campo eletromagnético) foi 7,83 ciclos por segundo.

No entanto, desde 1980 essa ressonância vem subindo lentamente. Agora está em mais de 12 ciclos por segundo. Isso significa que o nosso dia atual equivale a menos de 16 horas, em vez das antigas 24 horas. É por isso que o tempo parece estar correndo tão rápido. Houve um aumento na frequência de terremotos de 425%. A mudança de temperatura é muito intensa, de 1992 para cá aumentou quase um grau. Antes, havia 600 ou 700 tormentas elétricas simultâneas, hoje há duas mil. Vulcões como os da Islândia e do Chile paralisam todo o espaço aéreo local. *Tsumanis* arrasadoras devastam as cidades como nunca. Este tempo é chamado de "Apocalipse" é um momento de se realizar transformações individuais e coletivas de consciência.

A ciência diz que a consciência humana é feita de pura energia, daí ser imortal. Não tenho mais dúvidas de que a humanidade será dividida em dois grandes grupos, os que terão a vibração necessária para permanecer por aqui e os outros que não aguentarão as mudanças vibracionais do planeta, sendo encaminhados para "outros planos existenciais". Esse fato nos reporta a "Parábola do Joio e do Trigo" (Mateus 13, 24-30, e 36-43).

O Reiki está nos dando uma oportunidade individual para reestruturar nossas vidas. O *Sensei* Usui nos apontou um caminho adotando os 5 Princípios do Reiki e esses 125 poemas. Incorpore as mensagens desses poemas em seu cotidiano o mais rápido possível. Recomendo-lhe que não guarde esse livro na estante, mantenha-o sempre a mão, levando de preferência em sua bolsa, reflita pelo menos sobre um dos poemas diariamente. Recomende isso também às pessoas mais próximas.

Grato por me "escutar" até o final.

Johnny De' Carli
Mestre de Reiki

Anexo 1

Instituto Brasileiro de Pesquisas e Difusão do Reiki

Pessoas interessadas em realizar
seminários devem contatar:

Mestre Johnny De' Carli

Endereço em São Paulo:
Alameda Santos, nº 2.223, conj. 52 – Cerqueira César
São Paulo/SP – CEP 01419-101
WhatsApp: (11) 99619-2769

Endereço no Rio de Janeiro:
Rua Siqueira Campos, nº 43 salas 633 e 634 – Copacabana
Rio de Janeiro/RJ – CEP 22031-070
WhatsApp: (11) 99619-2769

Home Page: reikiuniversal.com.br
E-mail: ritadecarli@gmail.com

Estão todos convidados a conhecer nossas sedes.

Bibliografia

01. AOKI, Fuminori. Apostilas de Aula. Tóquio, 1998.

02. AOKI, Fuminori. Healing the Reiki, Tóquio, Japão, 1999.

03. HIROSHI, Doi. Apostilas de Aula. Kyoto, 2002.

04. RIVARD, Richard. Apostilas de Aula. Canadá, 2004.

05. DE' CARLI, Johnny. Reiki, Apostilas Oficiais. São Paulo, Editora Isis, 2013.

MAIORES DETALHAMENTOS SOBRE ESSES POEMAS

Leia o livro *"Reiki, Como Filosofia de Vida"*, de Johnny De' Carli, Editora Isis, com 544 página, todas coloridas.